Todos los libros de Linkgua Ediciones cuentan con modelos de Inteligencia Artificial entrenados por hispanistas. Pregúntale al chat de tu libro lo que desees acerca de la obra o su autor/a.

Para **ebooks:** Accede a nuestro modelo de IA a través de un enlace.

Para **libros impresos:** Escanea el código QR de la portada con tu dispositivo móvil.

Obtén análisis detallados de nuestros libros, resúmenes, respuestas a tus preguntas y accede a nuestras ediciones críticas generativas para una experiencia de lectura más enriquecedora.
La transparencia y el respeto hacia la autoría de las fuentes utilizadas son distintivos básicos de nuestro proyecto. Por ello, las respuestas ofrecen, mediante un sistema de citas, las fuentes con las que han sido elaboradas.

Autores varios

Constitución de Nicaragua de 1912

Barcelona 2025
Linkgua-ediciones.com

Créditos

Título original: Constitución de Nicaragua de 1912.

e-mail: info@Linkgua-ediciones.com

Diseño de cubierta: Michel Mallard.

ISBN rústica: 978-84-9897-360-0.
ISBN ebook: 978-84-9953-530-2.

Sumario

Constitución Política de la República de Nicaragua

Aprobada el 10 de noviembre de 1911

Publicada en La Gaceta Oficial el 17 de enero de 1912, n.º 13

EN PRESENCIA DE DIOS,

Nosotros los Representantes del pueblo nicaragüense, reunidos en Asamblea Constituyente, decretamos y sancionamos la siguiente

CONSTITUCIÓN POLÍTICA

Título I. De la Nación

Artículo 1.º Nicaragua es Nación libre, soberana e independiente. Su territorio, que también comprende las islas adyacentes, está situado entre los océanos Atlántico y Pacífico, y las Repúblicas de Honduras y Costa Rica.

Artículo 2.º La soberanía es una, inalienable e imprescriptible, y reside esencialmente en el pueblo, de quien derivan sus facultades los funcionarios que la Constitución y las leyes establecen. En consecuencia, no se podrá celebrar pactos o tratados que se opongan a la independencia e integridad de la Nación, o que afecten de algún modo su soberanía, salvo aquellos que tiendan a la unión con una o más de las Repúblicas de Centro América.

Artículo 3.º Los funcionarios públicos no tienen más facultades que las que expresamente les da la ley. Todo acto que ejecuten fuera de ella es nulo.

Título II. De la forma del Gobierno

Artículo 4.º El Gobierno de Nicaragua es republicano, democrático, representativo y unitario. Se compone de tres poderes independientes: el Legislativo, el Ejecutivo y el Judicial.

Título III. De la religión

Artículo 5.º La mayoría de los nicaragüenses profesa la religión Católica, Apostólica y Romana. El Estado garantiza el libre ejercicio de este culto; y también el de todos los demás en cuanto no se opongan a la moral cristiana y al orden público; quedando prohibido dar leyes que protejan o restrinjan cultos determinados.

Título IV. De la enseñanza

Artículo 6.º Es libre la enseñanza de toda industria, oficio o profesión lícitos. La primaria será obligatoria y la costeada por el Estado además gratuita; y en cuanto a la profesional, la ley determinará qué profesiones necesitan título previo para su ejercicio y las formalidades para obtenerlo.

Título V. De los nicaragüenses

Artículo 7.º Los nicaragüenses son naturales o naturalizados.

Artículo 8.º Son naturales:

1.º Los nacidos en Nicaragua de padres nicaragüenses o extranjeros domiciliados.

2.º Los hijos de padre o madre nicaragüense nacidos en el extranjero, si optaren por la nacionalidad nicaragüense.

Artículo 9.º Son naturalizados:

1.º Los Naturales de las otras Repúblicas de Centro América que residiendo en Nicaragua manifiesten su deseo de ser nicaragüense ante la autoridad competente.

2.º La mujer extranjera que contraiga matrimonio con nicaragüense.

3.º Los hispanoamericanos que tengan un año de residencia en el país y los demás extranjeros que tuvieren dos, con tal que manifiesten ante la autoridad respectiva su deseo de naturalizarse.

4.º Los que obtengan carta de naturalización conforme a la ley.

Artículo 10. Pierde la calidad de nicaragüense:

1.º El que sin residir en Nicaragua, obtuviere voluntariamente la naturalización en país extranjero, que no sea de la América Central.

Sin embargo, recobrará su calidad de nicaragüense por el hecho de establecer de nuevo su domicilio en Nicaragua, en cualquier tiempo que esto ocurra.

2.º La mujer nicaragüense que contraiga matrimonio con extranjero si, por la ley de la nación de su marido, adquiere la nacionalidad de aquel, pero recobrará la calidad de nicaragüense por la viudez, si por ese hecho pierde la nacionalidad de su marido.

Artículo 11. Los tratados pueden modificar las disposiciones de este título, con tal que haya reciprocidad.

Título VI. De los extranjeros

Artículo 12. La República de Nicaragua es asilo seguro para toda persona que se refugie en su territorio.

Artículo 13. Los extranjeros gozarán en Nicaragua de todos los derechos civiles de los nicaragüenses; están obligados a respetar a las autoridades y a obedecer las leyes, y quedan sujetos en cuanto a los bienes que adquieran en el país, a todas las cargas ordinarias y extraordinarias que obliguen a los nicaragüenses.

Artículo 14. Los extranjeros no podrán hacer reclamaciones, ni exigir indemnización alguna del Estado, si no en los casos y forma en que pudieran hacerlo los nicaragüenses.

Artículo 15. Los extranjeros no podrán ocurrir a la vía diplomática sino en los casos de negociación de justicia. No se entiende por tal el que un fallo ejecutorio sea desfavorable al reclamante. Si contraviniendo a esta disposición, no terminaren amistosamente las reclamaciones que promuevan, perderán el derecho de habitar en el país.

Artículo 16. Se prohíbe la extradición por delitos políticos, aunque por consecuencia de éstos resulte un delito común. Los tratados y la ley establecerán los casos en que pueda haber extradición por delitos comunes y graves.

Artículo 17. La ley establecerá la forma y casos en que pueda negarse a extranjeros la entrada al país, o decretarse su expulsión.

Título VII. De los ciudadanos

Artículo 18. Son ciudadanos todos los nicaragüenses mayores de veintiún años, y los mayores de dieciocho que sean casados o que sepan leer y escribir.

Artículo 19. Son derechos de los ciudadanos:

1.º El sufragio

2.º El optar a los cargos públicos, y

3.º El tener y portar armas, todo con arreglo a la ley.

Artículo 20. Se suspenden los derechos de ciudadano:

1.º Por auto de prisión o declaración de haber lugar a formación de causa,

2.º Por sentencia de inhabilitación para el ejercicio de derechos políticos, durante el termino de la condena,

3.º Por sentencia que imponga pena más que correccional, mientras no se obtenga rehabilitación,

4.º Por incapacidad mental,

5.º Por ser deudor fraudulento,

6.º Por conducta notoriamente viciada,

7.º Por ingratitud con sus padres o injusto abandono de su mujer e hijos legítimos menores. Para las causales que establecen los incisos 4, 5, 6 y 7 será necesaria declaratoria legal previa.

8.º Por ejercer en Nicaragua, sin licencia del Poder Legislativo, empleo de naciones extranjeras, que no sean las de la América Central.

Artículo 21. El voto activo es personal e indelegable.

Artículo 22. El sufragio será directo y público. Las elecciones se verificarán en el tiempo y forma prescitos por la ley.

Título VIII. De los derechos y garantías

Artículo 23. Se garantizará a los habitantes de la República, sean nicaragüenses o extranjeros, la seguridad individual, la libertad, la igualdad y la propiedad.

Artículo 24. La pena de muerte se aplicará únicamente por el delito de alta traición cometido en guerra exterior, hallándose el enemigo al frente, y por los delitos atroces de asesinato, parricidio e incendio o robo siguiéndose muerte y con circunstancias graves, calificadas por la ley.

Artículo 25. La Constitución reconoce la garantía del habeas corpus. En consecuencia, todo habitante de la República tiene derecho al recurso de exhibición de la persona.

Artículo 26. La orden de arresto que no emane de autoridad competente, o que no se haya dictado con las formalidades legales, es atentatoria.

Artículo 27. La detención para inquirir en los delitos comunes no podrá pasar de ocho días, más el término de la distancia, para el efecto de poner al reo a la disposición del Juez competente.

Artículo 28. El delincuente sorprendido infraganti, puede ser aprehendido por cualquiera persona a fin de entregarlo inmediatamente a la autoridad que tenga facultad de arrestar.

Artículo 29. No podrá proveerse auto de prisión si que preceda plena prueba de haberse cometido un hecho punible que merezca pena más que correccional, y sin que resulte, al menos, por presunción grave, quien sea su autor.

Artículo 30. Es permitida la prisión o arresto por pena o apremio en los casos y por el término que disponga la ley.

Artículo 31. Ninguno puede ser juzgado por comisiones especiales, ni por otros jueces que los designados por la ley con anterioridad al hecho que origina el proceso.

Artículo 32. Ningún poder público podrá avocar causa pendientes ante autoridad competente, ni abrir juicios fenecidos. En lo criminal podrá admitirse el recurso de revisión de juicios fenecidos, en que se haya impuesto pena más que correccional. La ley reglamentará el ejercicio de este derecho.

Artículo 33. En materia criminal es prohibido el juramento sobre hecho propio.

Artículo 34. Nadie puede ser privado del derecho de defensa. El proceso será siempre público.

Artículo 35. Se prohíbe la aplicación de penas perpetuas o infamantes, la

fustigación y toda especie de tormento.

Artículo 36. No podrá efectuarse la incomunicación de los detenidos o presos, sino en virtud de otra orden escrita de la autoridad respectiva, por un término que no pase de tres días y solo por delitos graves.

Artículo 37. Nadie debe permanecer preso o detenido en otros lugares que los públicos destinados al efecto, a menos que la ley lo permita y el reo o detenido consienta expresamente en ello.

Artículo 38. La habitación de todo individuo es un asilo seguro e inviolable, que solo puede ser allanado por la autoridad en los casos siguientes:

1.º En persecución actual de un delincuente o para extraer a un criminal sorprendido infraganti.

2.º Por reclamación del interior de una casa, por cometerse delito en ella, o por desorden escandaloso que exija pronto remedio.

3.º En caso de incendio, terremoto, inundación, epidemia ú otro análogo.

4.º Para extraer objetos perseguidos en virtud de un proceso, precediendo, por lo menos, semiplena prueba de la existencia de dichos objetos, o para ejecutar una disposición legalmente decretada.

5.º Para libertar a una persona secuestrada ilegalmente.

6.º Para aprehender a un reo a quien se haya proveído, auto de detención o prisión por delito, precediendo, al menos, semiplena prueba de que se oculta en la casa que debe allanarse.

En los tres últimos casos no se podrá verificar el allanamiento sino con orden escrita de autoridad competente.

Artículo 39. Cuando el domicilio que deba allanarse no sea el del reo a quien se persigue, se solicitará previamente el permiso del dueño o morador.

Artículo 40. El allanamiento del domicilio en los casos en que se requiere orden escrita de la autoridad, no se puede verificar desde las siete de la noche hasta las seis de la mañana, sino con el consentimiento del dueño o morador.

Artículo 41. La correspondencia epistolar es inviolable. La sustraída de las estafetas o de cualquier otro lugar no hace fe contra ninguno.

Artículo 42. Los papeles privados solo podrán ocuparse en virtud de auto del juez competente, en los asuntos criminales o civiles que la ley determine,

debiendo ser registrados en presencia del poseedor o, en su defecto, de dos testigos, y devolverse los que no tengan relación con lo que se indaga.

Artículo 43. Ninguno puede ser inquietado ni perseguido por sus opiniones. Los actos privados que no alteren el orden público, ni sean contrarios a la moral, ni causen daño a tercero, estarán siempre fuera de la acción de la ley.

Artículo 44. Todos pueden comunicar libremente sus pensamientos por la palabra hablada o escrita, sin previa censura, siendo responsables conforme a la ley por el abuso de esa libertad.

Artículo 45. Se prohíbe dar leyes proscriptivas, confiscatorias, retroactivas o que establezcan penas infamantes.

Artículo 46. El derecho de reivindicar los bienes confiscados es imprescriptible.

Artículo 47. Se prohíbe la prisión por deudas.

Artículo 48. Se garantiza la libertad de reunión sin armas y la de asociación, para cualquier objeto lícito.

Artículo 49. Se prohiben las vinculaciones.

Artículo 50. Toda persona tiene derecho para dirigir sus peticiones a la autoridad legalmente establecida y de que se resuelvan, haciéndosele saber la resolución que sobre ellas se dicte.

Artículo 51. Toda persona tiene derecho de entrar a la República y salir de ella, permanecer en su territorio y transitar por él, con estricta sujeción a las leyes.

Artículo 52. Todo servicio que no deba prestarse gratuitamente en virtud de ley, será remunerado con equidad.

Artículo 53. La ley no reconoce privilegios personales.

Artículo 54. Toda persona legalmente capaz es libre de disponer de sus bienes por cualquier título legal, sin que en ningún caso puedan establecerse vinculaciones. En la sucesión testada habrá asignaciones forzosas, solo en favor de los descendientes, ascendientes y cónyuge, con las preferencias y limitaciones que establezca la ley.

Artículo 55. Solo el Congreso puede decretar empréstitos o imponer contribuciones directas o indirectas; y sin su autorización se prohíbe a toda autoridad decretar aquéllos o imponer éstas, salvo las excepciones que establece la Constitución.

Artículo 56. La proporcionalidad será la base de las contribuciones cuando sean directas.

Artículo 57. Nadie puede ser privado de su propiedad sino en virtud de sentencia dictada por autoridad competente, o por causa de utilidad pública. La expropiación en este último caso debe ser calificada por la ley o por sentencia fundada en ella; y no se llevará a efecto sin previa indemnización. En caso de guerra interior o exterior no es necesario que la indemnización sea previa.

Artículo 58. Ninguna persona que tenga la libre administración de sus bienes puede ser privada del derecho de terminar sus asuntos civiles, por transacción o arbitramento.

Artículo 59. Todo autor o inventor, o todo dueño de una marca de fábrica, gozará de la propiedad exclusiva de su obra, de su descubrimiento o de su marca, del modo y por el tiempo que la ley determine.

Artículo 60. Por los delitos comunes no se impondrá pena más que correccional sin que preceda declaración de un jurado sobre la culpabilidad del delincuente.

Artículo 61. Es prohibido todo monopolio en interés privado.

Artículo 62. Por la declaración del estado de sitio podrán suspenderse temporalmente las garantías expresadas, excepto:

1.º La que establece la inviolabilidad de la vida humana, con sus excepciones.

2.º La que prohíbe el juzgamiento por jueces que no sean designados por la ley,

3.º La que prohíbe la aplicación de penas infamantes o perpetuas, la de fustigación y la de toda especie de tormento,

4.º La que prohíbe dar leyes retroactivas o confiscatorias,

5.º Las consignadas en los **Artículos** 55 y 56,

6.º Las inmunidades legales de los funcionarios.

Artículo 63. Las leyes que reglamenten el ejercicio de las garantías constitucionales serán ineficaces, en cuanto las disminuyan, restrinjan o adulteren.

Artículo 64. El funcionario que sin facultad legal restringiere cualquiera de las garantías consignadas en este Título, estará obligado a una indemnización que corresponda al daño causado, sin perjuicio de las demás responsabilidades legales.

Título IX. Del Poder Legislativo

Artículo 65. El Poder Legislativo reside en un Congreso compuesto de dos Cámaras: la de Senadores y la de Diputados.

Artículo 66. El Congreso se reunirá en la capital de la República cada año, el 15 de diciembre, sin necesidad de convocatoria. Celebrará cuarenta y cinco sesiones ordinarias, prorrogables hasta por quince más.

Artículo 67. Tendrá también sesiones extraordinarias cuando sea convocado por el Ejecutivo; y en este caso tratará solamente de los asuntos que él le someta.

Artículo 68. El Congreso podrá también instalarse o continuar sus sesiones en cualquiera otra población de la República sin convocatoria del Ejecutivo, pero en ningún caso podrá completarse el quorum legal con suplentes no incorporados.

Artículo 69. La elección de diputados se hará por sufragio popular, directo y público. Los departamentos de la República se dividirán con ese fin en tantos Distritos electorales como veces comprendan el número de 15.000 habitantes, agregándose un Distrito por la fracción que pase de ocho mil. Cada distrito elegirá un diputado propietario y un suplente. Las Comarcas de Cabo de Gracias a Dios y San Juan del Norte, serán consideradas, como una de ellas, como un distrito electoral.

Artículo 70. Corresponde a cada departamento elegir un senador propietario y un suplente por cada dos diputados. Si el número de Diputados fuere impar, se elegirá otro Senador propietario y el suplente respectivo.

Artículo 71. La ley hará las demarcaciones necesarias para las elecciones.

Artículo 72. Cinco días antes de la fecha señalada para la instalación del Congreso, los Diputados y Senadores se reunirán y formarán las respectivas Juntas Preparatorias; y con la concurrencia de cinco, por lo menos, en cada Cámara, organizarán los Directorios y dictarán las providencias necesarias para la reunión de sus miembros y la solemne instalación del Congreso.

Artículo 73. La mitad más uno de los Senadores y Diputados bastarán en cada Cámara para su legal instalación.

Artículo 74. Los Diputados durarán cuatro años en el ejercicio de su cargo, y serán renovados por mitad cada dos años.

Artículo 75. Los Senadores durarán seis años en el ejercicio de su cargo, y serán renovados por terceras partes cada dos años.

Artículo 76. Para ser diputado se requiere: ser ciudadano en ejercicio de sus derechos, del estado seglar y mayor de veinticinco años de edad.

Artículo 77. Para ser senador se requiere: ser ciudadano en ejercicio de sus derechos, del estado seglar y mayor de cuarenta años de edad.

Artículo 78. No pueden ser elegidos miembros del Poder Legislativo:

1.º Los que ejercieren empleo de nombramiento del Ejecutivo, dentro de los dos meses anteriores a la elección,

2.º Los Magistrados de las Cortes de Justicia y los funcionarios de su dependencia,

3.º Los parientes del Presidente de la República, dentro del segundo grado de consanguinidad o afinidad,

4.º Los que hubieren administrado o recaudado fondos públicos mientras no se hallen solventes a ese respecto.

Artículo 79. Los Representantes al Congreso gozarán, desde su elección, de las prerrogativas siguientes:

1.° Inmunidad personal para no ser acusados o Juzgados por delitos oficiales o comunes, si el Congreso no los declara previamente con lugar a formación de causa.

2.° No ser demandados civilmente desde treinta días antes de las sesiones ordinarias del Congreso, o desde el decreto de convocatoria de las extraordinarias, hasta quince días después de unas y otras, Si los juicios ya estuvieren pendientes, no correrán los términos durante las sesiones.

3.° No ser llamados al servicio militar sin su consentimiento,

4.° No ser extrañados de la República, confinados ni privados de su libertad por ningún motivo, ni aun durante el estado de sitio, salvo que el Congreso los declare con lugar a formación de causa.

Artículo 80. Los miembros del Congreso, en receso de éste, podrán aceptar cargos del Poder Ejecutivo; pero durante las sesiones, solamente los de Secretario de Estado, Agente Diplomático o Profesor de Enseñanza. En ambos casos perderán la calidad de Representante por la aceptación de cargo que no sea uno de los dos indicados últimamente.

Artículo 81. El Ejecutivo dará cuenta a la respectiva Cámara, cuando estuviere reunida, de los nombramientos que haya hecho para que mande reponer las vacantes. Al Ejecutivo corresponderá, en receso del Congreso, mandar hacer la reposición.

Artículo 82. Las Cámaras abrirán y cerrarán sus sesiones a un mismo tiempo: ninguna de ellas podrá suspenderlas o prorrogarlas por más de tres días sin la concurrencia de la otra.

Título X. De las facultades comunes a las Cámaras

Artículo 83. Corresponde a cada una de las Cámaras, sin intervención de la otra:

1.º Arreglar el orden de sus sesiones y todo lo concerniente a su régimen interior,

2.º Calificar la elección y credenciales de sus miembros,

3.º Hacerlos concurrir,

4.º Admitir con dos tercios de votos las renuncias de sus miembros fundadas en causas legales debidamente comprobadas.

5.º Mandar reponer la elección de los que falten por muerte, renuncia o inhabilidad.

6.º Pedir al Ejecutivo el estado de los ingresos y egresos de toda o de algunas de las cuentas, e informe sobre cualquier ramo de la administración.

7.º Excitar a la otra para deliberar reunidas.

Título XI. De las atribuciones del Congreso en Cámaras unidas

Artículo 84. Corresponde al Congreso:

1.º Arreglar el orden de sus sesiones,

2.º Regular los votos, calificar y declarar la elección de Presidente y de Vicepresidente de la República, y elegir a éstos en los casos previstos por la Constitución,

Será Presidente el ciudadano apto que obtuviere la mayoría absoluta de los sufragios de los votantes hábiles. Si ninguno la obtuvierc, cl Congreso elegirá el presidente de entre los dos que hayan obtenido mayor número de votos, aunque ese número fuere igual para ambos. La misma regla se observará para la elección de Vicepresidente. Los empates que ocurran en la elección popular o en la que practique el Congreso, se resolverán por la suerte, siempre que esto sea necesario para aplicar las reglas del presente artículo,

3.º Elegir cada año dos designados, que por su orden, deban ejercer la Presidencia de la República, cuando ocurra falta absoluta o temporal del Presidente y Vicepresidente. Es indispensable que la elección de los designados recaiga en miembros de la Representación Nacional que reúnan las condiciones requeridas para ser Presidente de la República,

4.º Elegir a los Magistrados de la Corte Suprema de Justicia, y de las Cortes de Apelaciones,

5.º Conocer de las renuncias del Presidente y Vicepresidente de la República y de la de los Magistrados de las Cortes de Justicia,

6.º Declarar por dos tercios de votos cuando ha lugar a formación de causa contra el Presidente, Vicepresidente, Senadores, Diputados, Magistrados, Secretario de Estado y Agentes Diplomáticos de la República,

7.º Prorrogar al Ejecutivo el término establecido para la publicación de las leyes y demás disposiciones,

8.º Recibir el juramento constitucional a los funcionarios que elija o declare electos,

9.º Declarar la preferencia, cuando concurran en un mismo individuo diversas elecciones para miembro de los Supremos Poderes, en el orden siguiente:

1.º Presidente de la República,

2.º Vicepresidente de la República,

3.º Senador,

4.º Diputado.

Título XII. De las atribuciones del Congreso en Cámaras separadas

Artículo 85. Corresponde al Congreso en Cámaras separadas:

1.º Decretar, interpretar, reformar y derogar las leyes,

2.º Crear y suprimir empleos, establecer pensiones, decretar honores y conceder amnistías,

3.º Disponer todo lo conveniente a la seguridad y defensa de la República.

4.º Cambiar la residencia de los Supremos Poderes por causas graves.

5.º Decretar premios y conceder privilegios temporales a los autores o inventores de obras de utilidad general, y a los que hayan introducido industrias nuevas o perfeccionado las existentes.

6.º Acordar subvenciones o primas para objetos de utilidad pública, que tiendan a establecer nuevas industrias o a impulsar la agricultura.

7.º Aprobar o improbar la conducta del Ejecutivo.

8.º Aprobar, modificar o desechar los tratados celebrados con las naciones extranjeras.

9.º Reglamentar el comercio marítimo y terrestre.

10.º Aprobar o improbar las cuentas de los gastos públicos,

11. Fijar cada año el Presupuesto,

12. Señalar las funciones de los empleados de la República y demarcar las jurisdicciones territoriales en que deban ejercerlas,

13. Imponer contribuciones,

14. Decretar la enajenación o arrendamiento de los bienes nacionales y su aplicación a usos públicos, o autorizar al Ejecutivo para que lo haga sobre bases convenientes a la República. Las rentas públicas y los impuestos no podrán ser enajenados ni arrendados,

15. Decretar empréstitos y reglamentar el pago de la deuda nacional, o acordar las bases para que lo haga el Ejecutivo,

16. Habilitar puertos, crear, trasladar o suprimir aduanas, o dictar las reglar con que deba hacerlo el Ejecutivo,

17. Fijar el peso, ley, valor, tipo y denominación de las monedas nacionales, y arreglar el sistema de pesas y medidas,

18. Declarar la guerra y hacer la paz o autorizar al Ejecutivo para tales fines,

19. Fijar en cada reunión ordinaria la fuerza de mar y tierra,

20. Permitir o negar el tránsito de tropas de otro país por el territorio de la República, y autorizar la salida de las nacionales fuera de Nicaragua. En estado de guerra tendrá el Poder Ejecutivo estas atribuciones,

21. Declarar el estado de sitio y aun suspender el orden constitucional en toda la República, o parte de ella, cuando se halle amenazado la tranquilidad pública, o en caso de agresión extranjera. Esta declaración o suspensión durará sesenta días, a lo más, según las circunstancias; siendo necesaria nueva declaración del Congreso para poder prolongarla.

22. Conferir los grados de General de Brigada y de División,

23. Conceder indultos o conmutaciones de penas, a iniciativa del Poder Ejecutivo, previo informe de la Corte Suprema de Justicia,

24. Conceder premios o recompensas por servicios eminentes,

25. Aprobar o desaprobar los contratos que celebre el Ejecutivo con particulares o Compañías, sobre empréstitos, colonización, navegación y demás obras de utilidad general, siempre que, permitiéndolo la Constitución, entrañen privilegios temporales o comprometan los bienes de la Nación, o cuando en ellos se disponga de sumas no votarlas en el presupuesto,

26. Permitir el establecimiento de montepíos y de bancos de emisión,

27. Decretar el escudo de armas y el pabellón de la República,

28. Conceder o negar permiso a los nicaragüenses para aceptar cargos de países extranjeros, cuando deban ejercerlos en Nicaragua.

Artículo 86. El Poder Legislativo no podrá suplir o declarar el estado civil de las personas, ni conceder títulos académicos o literarios.

Artículo 87. Las facultades del Poder Legislativo son indelegables, excepto las de legislar en los ramos de Fomento, Policía, Beneficencia, Instrucción Pública, que podrán ser delegadas en el Poder Ejecutivo, en receso del Congreso; y las que se refieren a recibir el juramento constitucional a los funcionarios que elija o declare electos.

Artículo 88. En las disposiciones y leyes que emita el Congreso se hará uso de la siguiente fórmula: "El Senado y Cámara de Diputados de la República de Nicaragua, decretan, resuelven o declaran: (aquí lo decretado o resuelto). Dado en el Salón de Sesiones del Congreso" (Cuando sea en Cámaras unidas) o de la Cámara en que se hubiere hecho la iniciativa (Cuando sea en Cámaras separadas), lugar y fecha. Siguen las firmas del Presidente y Secretarios del Congreso o de la Cámara, según el caso. Al ser aprobada la iniciativa en la otra Cámara, dirá ésta: "Al Poder Ejecutivo, Cámara del Senado o Cámara de Diputados [según el caso], poniendo el lugar y fecha correspondiente, con las firmas del respectivo Presidente y Secretarios.

Artículo 89. Toda disposición del Poder Legislativo se emitirá en forma de ley o de resolución.

Artículo 90. Todo proyecto de ley o de resolución puede tener origen en cualquiera de las Cámaras, reservándose solo a la de Diputados los de contribución o impuestos.

Artículo 91. Solo los Diputados y Senadores en sus respectivas Cámaras, los Ministros a nombre del Ejecutivo y la Corte Suprema de Justicia, en asuntos de su ramo, tienen facultad de proponer los proyectos de ley, resoluciones o declaraciones que juzguen convenientes.

Artículo 92. Aprobado un proyecto por una Cámara, pasará en calidad de iniciativa a la otra, quien, tomándolo en consideración, podrá aprobarlo o no, o reformarlo. En este último caso, el proyecto se tendrá como iniciativa de la Cámara revisora.

Artículo 93. Ningún proyecto de ley será definitivamente votado sino después de dos deliberaciones, verificadas en distintos días, salvo el caso de urgencia calificada por dos tercios de votos, en que se dirá un solo debate.

Artículo 94. Todo proyecto de ley, una vez aprobado por el Congreso en Cámaras separadas, se pasará al Ejecutivo, a más tardar, dentro de tres días de haber sido votado, a fin de que le dé su sanción y lo haga promulgar como ley dentro de diez días.

Artículo 95. Si el Presidente, de acuerdo con el Consejo de Ministros, encontrare inconvenientes para sancionar el proyecto de ley, lo devolverá al Congreso dentro de cinco días, exponiendo las razones en que funda su desacuerdo. Si en el término expresado no lo objetare, se tendrá por sancionado, y lo publicará como ley. Cuando el Ejecutivo devolviere el proyecto, el Congreso lo sujetará a una nueva deliberación en Cámaras unidas; y si fuere ratificado por dos tercios de votos, lo pasará de nuevo al Ejecutivo con esta fórmula: "Ratificado Constitucionalmente"; y éste lo hará publicar sin demora.

Artículo 96. Cuando el Congreso vote un proyecto de ley en los últimos cinco días de sus sesiones, y el Ejecutivo crea inconveniente sancionarlo, deberá dar aviso inmediatamente al Congreso para que permanezca reunido hasta diez días contados desde la fecha en que se le pasó el autógrafo; y no haciéndolo se tendrá la ley por sancionada.

Artículo 97. Cuando un proyecto de ley fuere desechado no podrá proponerse de nuevo, sino hasta en la Legislatura siguiente.

Artículo 98. No es necesaria la sanción del Ejecutivo en los decretos y resoluciones siguientes:

1.º En las elecciones que el Congreso haga o declare, y en las renuncias que admita o deseche,

2.º En los reglamentos que expidan el Congreso o las Cámaras para su régimen interior,

3.º En los acuerdos para su instalación, para trasladar su residencia a otro lugar y para suspender sus sesiones o prorrogarlas,

4.º En la ley de Presupuesto,

5.º En los decretos que se refieran a la conducta del Ejecutivo,

6.º En las declaraciones de haber lugar a formación de causa.

Artículo 99. Siempre que un proyecto de ley, que no proceda de iniciativa de la Corte Suprema de Justicia, tenga por objeto reformar o derogar disposiciones contenidas en los Códigos Civil, Penal, de Comercio, de Minas o de Procedimientos, no podrá discutirse sin oír la opinión de aquel Tribunal, quien la emitirá durante las mismas sesiones, o en las del año siguiente, según la extensión, importancia o urgencia del proyecto.

Artículo 100. La fórmula que debe usarse para publicar las leyes es la siguiente:

«El Presidente de la República, a sus habitantes, sabed que el Congreso ha ordenado lo siguiente: (aquí el texto y firma). Por tanto: ejecútese.”

Título XIII. Del Poder Ejecutivo

Artículo 101. El Poder Ejecutivo se ejerce por un ciudadano que se denomina Presidente de la República; en su defecto; por el Vicepresidente; y a falta de éste por uno de los designados, según su orden.

Artículo 102. El Presidente de la República, el Vicepresidente y le designados deberán ser ciudadanos en el ejercicio de sus derechos, mayores de treinta años de edad, del estado seglar y naturales de Nicaragua.

Artículo 103. La elección de Presidente y la de Vicepresidente de la República, serán por voto popular, directo y público.

Artículo 104. El período de Presidente y Vicepresidente de la República será de cuatro años, y comenzará el 1.º de enero. El ciudadano que ejerciere la Presidencia en propiedad o accidentalmente, no podrá ser elegido Presidente ni Vicepresidente para el siguiente período.

Artículo 105. Tampoco puede ser elegido Presidente ni Vicepresidente, el que tuviere parentesco de consanguinidad o afinidad, en la línea recta, o hasta el cuatro grado inclusive de la colateral, con el Presidente de la República, o con el que ejerciere la presidencia en los últimos seis meses anteriores a la elección.

Artículo 106. En caso de falta absoluta o temporal del Presidente de la República, el Poder Ejecutivo quedará a cargo del Vicepresidente y en defecto de éste, de uno de los designados en el orden de su elección. En este último caso, si el Congreso estuviere reunido, corresponderá a él autorizar el depósito en el Representante que designe, quien debe reunir las condiciones para ser Presidente de la República.

Artículo 107. Mientras no reciba la Presidencia de la República el llamado por la ley, ejercerá el Poder Ejecutivo, el Ministro de la Gobernación, quien dará posesión al nuevo funcionario, si no estuviere reunido el Congreso.

Artículo 108. El Presidente no podrá salir fuera del país, durante el ejercicio de sus funciones, sin permiso del Congreso; ni, concluido su período, si hubiere juicio pendiente contra él por delitos oficiales o comunes.

Título XIV. De los deberes y atribuciones del Poder Ejecutivo

Artículo 109. El Presidente de la República es el Jefe Supremo de la Nación y Comandante General de las fuerzas de tierra y mar. Tiene a su cargo la administración general del país, la que desempeñará por medio de Ministros o Secretarios de Estado y de los respectivos Subsecretarios.

Artículo 110. La ley establecerá el número de Secretarios de Estado y la distribución de funciones entre ellos.

Artículo 111. Las atribuciones del Poder Ejecutivo son las siguientes:

1.º Defender la independencia y el honor de la Nación y la integridad de su territorio,

2.º Ejecutar y hacer cumplir la Constitución y leyes, expidiendo al efecto los decretos y órdenes conducentes, sin alterar el espíritu de aquéllas,

3.º Nombrar los Secretarios y Subsecretarios de Estado y los demás empleados del Ejecutivo,

4.º Conservar la paz y seguridad interior de la República, y repeler todo ataque o agresión exterior,

5.º Dar a los funcionarios del Poder Judicial los auxilios y fuerza que necesiten para hacer efectivas sus providencias,

6.º Remover a los empleados de su libre nombramiento,

7.º Proponer a las Cámaras, cuando lo exija el bien público, amnistías, indultos o conmutaciones de penas a los reos, y conceder las primeras en receso del Congreso,

8.º Convocar al Congreso a sesiones extraordinarias, cuando lo exijan los intereses de la Nación,

9.º Presentar, por medio de los Secretarios de Estado, al Poder Legislativo, dentro de los primeros quince días de su instalación, informe circunstanciado de los ramos de la administración, cuenta detallada del producto e inversión de las rentas, y el Presupuesto de Gastos para el año siguiente, indicando las mejoras de que sea susceptible la legislación.

10. Celebrar tratados y cualesquiera otras negociaciones diplomáticas, sometiéndolas al Congreso para su ratificación,

11. Dirigir las relaciones exteriores, nombrar Cónsules, Agentes o Ministros Diplomáticos de la República; y admitir y recibir a los nombrados por las naciones extranjeras,

12. Hacer que se recauden las rentas de la República, y que se inviertan con sujeción a la ley,

13. Conferir grados militares en tiempo de paz hasta de Coronel inclusive, y los superiores hasta General de División, en campaña; y hacer iniciativa al Congreso para que confiera estos últimos en tiempo de paz,

14. Reunir las fuerzas militares de mar y tierra, organizarlas y distribuirlas de conformidad con la ley, y según las necesidades de la República,

15. Conceder patentes de corzo y cartas de represalia,

16. Decretar el estado de sitio y aun suspender el orden constitucional, en receso del Congreso, en los casos y términos del artículo 85, fr. 21,

17. Conceder cartas de naturalización,

18. Dirigir y fomentar la instrucción pública, difundir la enseñanza popular y ejercer la suprema inspección sobre los establecimientos particulares de enseñanza,

19. Sancionar las leyes, usar del veto en los casos que corresponda, promulgar sin demora aquellas disposiciones legislativas que no necesitan de la sanción del Ejecutivo.

20. Mandar reponer las vacantes de Diputados y Senadores, en receso del Poder Legislativo, a más tardar, dentro de un mes de ocurridas,

21. Publicar mensualmente el estado de ingresos y egresos de las rentas públicas,

22. Vigilar sobre la exactitud legal de la moneda, y resolver lo conveniente sobre la admisión y circulación de la extranjera. Cuidar de la uniformidad de las pesas y medidas; y en general, ejercer la suprema dirección de la policía,

23. Atender la seguridad interior y defensa exterior del país,

24. Celebrar los contratos para proveer a las necesidades de la administración y someter a la ratificación del Congreso los que versen sobre empréstito, colonización, navegación y demás obras de

utilidad, y los que entrañen privilegios temporales o comprometan bienes de la nación, o cuando en ellos se disponga de sumas no votadas en el Presupuesto,

25. Declarar la guerra con autorización del Congreso, y hacer la paz cuando lo requieran las conveniencias nacionales,

26. Dirigir las operaciones de la guerra como Jefe Supremo del Ejército y de la Marina nacionales. Cuando quiera ponerse al frente del Ejército, encargará las funciones de Presidente al que deba sustituirlo conforme a la Constitución, y quedará investido solo del carácter de General en Jefe y con las atribuciones de Comandante General,

27. Cuidar de que se reúna el Congreso en el día señalado por la Constitución, dictando con oportunidad las disposiciones necesarias al efecto,

28. Conceder patentes para garantizar por determinado tiempo la propiedad literaria y la de invenciones útiles, aplicables a industrias nuevas o al mejoramiento de las existentes,

29. Señalar, en receso del Congreso, el lugar a donde deban trasladarse transitoriamente los Poderes del Estado, cuando haya grave motivo para ello,

30. Levantar la fuerza necesaria para repeler toda invasión o sofocar rebeliones, y en estos casos decretar contribuciones o empréstitos y dar cuenta al Congreso en sus próximas sesiones,

31. Disponer de la fuerza de mar y tierra para defensa y seguridad de la República; para mantener el orden y tranquilidad de ella, y para todos los demás objetos que exija el servicio público,

32. Rehabilitar, conforme a la ley, a los ciudadanos que estén suspensos en el ejercicio de sus derechos,

33. Dictar las providencias necesarias para que las elecciones se verifiquen en el tiempo fijado por la ley, y para que se observen lea reglas establecidas en ella,

34. Cerrar puertos o habilitarlos, en receso del Congreso,

35. Dictar el reglamento de sus atribuciones,

36. Dictar las medidas conducentes para formar el censo de población y demás ramos de estadística nacional,

37. Establecer el régimen especial con que deban gobernare temporalmente regiones despobladas, o habitadas por indígenas no civilizados,

38. Fijar las reglas a que deben sujetarse la ocupación o enajenación de terrenos baldíos, y destinarlos al fomento de la colonización y empresas útiles,

39. Suspender la ejecución de la pena de muerte, siempre que se le solicite la iniciativa para la conmutación de la pena, debiendo dar cuenta al Congreso en su próxima reunión.

Artículo 112. Cuando se halle amenazada la tranquilidad pública, puede el Ejecutivo dictar órdenes de arresto contra los que se presumen reos e interrogarlos, poniéndolos dentro de diez días a la disposición de los jueces competentes; pero si a juicio del Ejecutivo fuere necesario confinar en el interior o extrañar de la República a los indiciados de conspiración o traición, resolverá lo conveniente en Consejo de Ministros y con el voto de dos Senadores propietarios. Alterado el orden público no será indispensable la concurrencia de los Senadores.

Artículo 113. El Presidente y sus Ministros y Senadores, en su caso, serán responsables por las disposiciones que dicten contrarias a la Constitución y a las leyes. En lo civil la responsabilidad será solidaria.

Título XV. De los Secretarios De Estado

Artículo 114. Los Secretarios de Estado deben ser ciudadanos en ejercicio de sus derechos, naturales de Nicaragua, del estado seglar y mayores de veinticinco años de edad. Los decretos, acuerdos y providencias del Presidente de la República, deben ser autorizados por los Secretarios de Estado en sus respectivos ramos.

Artículo 115. No pueden ser Secretarios de Estado:

1.º Los contratistas de obras o servicios públicos por cuenta de la Nación,

2.º Los que de resultas de sus contratos tengan reclamaciones de intereses propios contra la Hacienda Pública,

3.º Los deudores a la Hacienda Pública,

4.º Los administradores de fondos públicos, sin estar finiquitadas sus cuentas,

5.º Los parientes del Presidente de la República, dentro del segundo grado de consanguinidad o afinidad.

Artículo 116. Los Secretarios de Estado pueden asistir sin voto a las deliberaciones del Poder Legislativo, y deberán concurrir siempre que se les llame, y contestar las interpelaciones que les haga cualquier Representante, referente a los asuntos de la administración, exceptuando los relativos a Guerra y Relaciones Exteriores, cuando se juzgue necesaria la reserva, a menos que la cámara resuelva lo contrario.

Título XVI. Del Poder Judicial

Artículo 117. El Poder Judicial de la República se ejercerá por una Corte Suprema de Justicia, por las Cortes de Apelaciones y por los Jueces y demás empleados que la ley establezca. La Corte Suprema residirá en la capital y estará integrada por cinco Magistrados propietarios. Habrá, además, dos suplentes. Las Cortes de apelaciones serán tres: una que residirá en la ciudad de Granada, otra, en la de León y la tercera en Bluefields. Las dos primeras se compondrán de seis Magistrados propietarios, tres para cada una de las Salas de lo Civil y de lo Criminal; la de Bluefields, tendrá tres Magistrados propietarios y dos suplentes. Los jueces inferiores serán determinados por la ley. Los Magistrados de la Corte Suprema y de las Cortes de Apelaciones serán elegidos por el Congreso en Cámaras unidas: los primeros durarán seis años en sus funciones, y cuatro los segundos. El Congreso podrá crear otras Cortes de Apelaciones.

Artículo 118. Los Magistrados deben ser ciudadanos en ejercicio de sus derechos, del estado seglar, abogados y mayores de treinta años de edad.

Artículo 119. No pueden ser Magistrados ni Jueces en un mismo Tribunal las personas ligadas por parentezco de consanguinidad dentro del cuarto grado, o de afinidad dentro del segundo. Si resultaren electos dos o más parientes dentro de dichos grados, se preferirá al que hubiere obtenido mayor número de votos; y en caso de igualdad, al abogado más antiguo. La elección de los demás se repondrá.

Artículo 120. La ley reglamentará la organización del Poder Judicial y la Administración de Justicia.

Artículo 121. La facultad de juzgar y ejecutar lo juzgado pertenece a las Cortes y demás Tribunales de Justicia.

Artículo 122. Los Tribunales y Jueces de la República aplicarán de preferencia:

1.º La Constitución y leyes constitutivas,

2.º Las leyes y decretos legislativos; y

3.º Los decretos y acuerdos ejecutivos.

En ningún caso atenderán a disposiciones o reformas hechas por medio de oficio.

Artículo 123. La Corte Suprema de Justicia ejercerá, además, las siguientes atribuciones:

1.º Hacer su reglamento interior,

2.º Conocer privativamente de los delitos oficiales y comunes de los Altos Funcionarios, cuando el Congreso los haya declarado con lugar a formación de causa,

3.º Autorizar a los abogados y escribanos o notarios, recibidos dentro de la República o fuera de ella, para el ejercicio de su profesión; suspenderlos y rehabilitarlos con arreglo a la ley,

4.º Conocer de los recursos contra resoluciones del Tribunal de Cuentas,

5.º Conocer de los recursos de revisión y de amparo en los casos señalados por la ley,

6.º Conocer de las causas de presas marítimas y de los demás asuntos que le someta la ley,

7.º Nombrar los Jueces inferiores, Médicos Forenses y Registradores de la propiedad, de conformidad con la ley,

8.º Admitir las renuncias de los empleados de su nombramiento y hasta removerlos antes de terminar sus respectivos períodos, con causa justificada o sin ella, debiendo en este último caso dictarse el acuerdo por unanimidad de votos.

9.º Resolver las reclamaciones que se hagan contra las disposiciones expedidas por las Municipalidades y demás corporaciones locales administrativas, cuando fueren contrarias a la Constitución o a las leyes.

Artículo 124. Podrá también entablarse directamente ante la Corte Suprema de Justicia, el recurso de inconstitucionalidad de una ley que se refiera a asuntos no ventilables ante los Tribunales de Justicia, por toda persona que sea perjudicada en sus derechos, al serle aplicada en un caso concreto.

Artículo 125. La Administración de Justicia será gratuita en la República.

Artículo 126. Los miembros de los Tribunales de Justicia no podrán ejercer ningún empleo de elección popular o que lleve anexa jurisdicción.

Artículo 127. Los Tribunales de Justicia podrán exigir el auxilio de la fuerza armada para el cumplimiento de sus resoluciones; y si les fuere negado o no la hubiere disponible, podrán exigirlo de los ciudadanos. El funcionario o ciudadano que indebidamente se negare a dar el auxilio, incurrirá en responsabilidad.

Artículo 128. En ningún juicio puede haber más de tres instancias, y unos mismos Jueces no pueden conocer en más de una de ellas.

Artículo 129. En los asuntos civiles podrá conocer un jurado de la calificación de los hechos, siempre que las partes pidan su intervención, y en este caso el Juez solamente aplicará la ley.

Artículo 130. Los Magistrados de las Cortes de Justicia gozarán de las mismas inmunidades y prerrogativas que los Representantes al Congreso, salvo la de no ser demandados civilmente.

Artículo 131. Los Magistrados de la Corte Suprema de Justicia podrán asistir con voz, pero sin voto, a las deliberaciones de cada una de las Cámaras Legislativas o de ambas reunidas, siempre que versen sobre asuntos de iniciativa de la misma Corte o sobre los de que trata el **Artículo** 99.

Título XVII. Del Presupuesto

Artículo 132. El Presupuesto será votado por el Congreso con vista de los proyectos que formulen el Poder Ejecutivo y el Judicial, en sus respectivos ramos.

Artículo 133. El proyecto de Presupuesto será presentado por el Ministro de Hacienda, a más tardar quince días después de instalado el Congreso.

Artículo 134. Todo gasto que se haga fuera del Presupuesto es ilegítimo; y será responsable solidariamente por la cantidad gastada, el funcionario que ordene el pago y el empleado pagador, sin perjuicio de las penas a que hubiere lugar conforme a la ley.

Artículo 135. Forman el Tesoro de la Nación:

1.º Todos sus bienes raíces y muebles,

2.º Todos sus créditos activos,

3.º Todos los derechos, impuestos, contribuciones que paguen al Erario los habitantes de la República.

Artículo 136. Para la administración de las rentas públicas habrá una Tesorería General de recaudación y pago, y las demás oficinas que sean necesarias.

Artículo 137. Para ejercer el cargo de Tesorero General se requiere ser mayor de treinta años de edad, ciudadano en ejercicio de sus derechos, de notoria buena conducta y no ser acreedor ni deudor de la Hacienda Pública, ni tener cuentas pendientes con ella.

Artículo 138. Para fiscalizar la administración del Tesoro Nacional, habrá un Tribunal de Cuentas encargado de examinar y finiquitar las llevadas por los administradores de intereses públicos. Los miembros de este Tribunal deberán tener las mismas condiciones que el Tesorero General, pudiendo ser mayores de veinticinco años todos los empleados que no sean el Presidente. Su número, organización y atribuciones, serán determinados por la ley; y su nombramiento, lo mismo que el de Tesorero General, corresponde al Poder Ejecutivo.

Artículo 139. Ninguna autoridad, funcionario o corporación pública podrá celebrar contratos en que se comprometan bienes o fondos nacionales o de juntas locales para cualquier objeto, sin previa licitación y publicación de las propuestas. Exceptúanse los casos en que por la naturaleza de los contratos deban éstos ajustarse con personas determinadas, o en que por su reducida cuantía no deban someterse a subasta. La ley reglamentará este principio.

Título XVIII. Del Ejército

Artículo 140. La fuerza pública está instituida para asegurar los derechos de la Nación, el cumplimiento de la ley y el mantenimiento del orden público.

Artículo 141. La disciplina del Ejército será reglamentada por las leyes y ordenanzas militares. Ningún cuerpo armado podrá deliberar ni ejercer el derecho de petición. Los militares en actual servicio no podrán obtener cargo de elección popular.

Artículo 142. El servicio militar es obligatorio, pero en tiempo de paz podrá cumplirse con este deber por medio de sustituto. Todo nicaragüense de dieciocho a cuarenta y cinco años es soldado del Ejército. La ley hará la organización correspondiente, y establecerá las causas de exención del servicio.

Los ministros de cualquier culto solo prestarán sus servicios en el ejército, como capellanes o en las ambulancias.

Artículo 143. No hay fuero atractivo; y los militares en actual servicio gozan del fuero de guerra por delitos puramente militares.

Título XIX. Del Gobierno departamental

Artículo 144. Para la administración política se dividirá el territorio de la República en departamentos, pudiendo haber comarcas, cuyo número y límites fijará la ley. En cada uno de ellos habrá los funcionarios políticos que la misma ley determine.

Título XX. Del Gobierno Municipal

Artículo 145. El Gobierno local de los pueblos estará a cargo de Municipalidades electas, popular, pública y directamente por los ciudadanos de las respectivas poblaciones conforme a la ley.

Artículo 146. El número de los miembros de las Municipalidades será determinado por la ley, tomando en cuenta el número de los habitantes de cada población.

Artículo 147. Las atribuciones de las Municipalidades serán puramente económicas y administrativas. La ley las determinará; lo mismo que las condiciones que se requieren para ser miembro de ellas.

Artículo 148. Las Municipalidades podrán decretar libremente los impuestos locales con arreglo a la Constitución y a las leyes generales, sometiéndolos a la aprobación del Ejecutivo, cuando solo afecten los interesen de la respectiva población o del departamento a que ésta corresponda, y a la del Poder Legislativo, cuando graven a otro ú otros departamentos, aunque sea de manera indirecta.

Artículo 149. Las Municipalidades administrarán los fondos de la comunidad en provecho de ésta, rindiendo cuenta ante el superior que establezca la ley; y publicarán anualmente un informe detallado de los ingresos y egresos de sus fondos.

Artículo 150. En el ejercicio de sus funciones privativas, serán independientes de los otros poderes, sin contrariar en ningún caso las leyes generales del país; y responderán colectiva e individualmente, ante los Tribunales de Justicia, por los abusos que cometan.

Artículo 151. Las Municipalidades nombrarán los empleados de su dependencia, y podrán también nombrar agentes locales de policía para objetos de orden, seguridad, higiene, comodidad, ornato y recreo; y dictar disposiciones en esos ramos con sujeción a las leyes generales.

Artículo 152. Los miembros de las Municipalidades no estarán obligados a desempeñar otro destino ni al servicio militar aun en tiempo de guerra.

Artículo 153. Los acuerdos Municipales que tengan carácter de leyes locales serán sometidos a la aprobación del Ejecutivo.

Título XXI. De la responsabilidad de los empleados públicos

Artículo 154. Todo funcionario público, al tomar posesión, prestará juramento de cumplir y hacer cumplir la Constitución y las leyes; y será responsable de sus actos.

Artículo 155. El Presidente de la República, los Senadores, los diputados, los Magistrados de las Cortes de Justicia, los Secretarios y Subsecretarios de Estado y los Ministros y Agentes Diplomáticos, responderán ante el Congreso por delitos comunes y por los oficiales que cometan en el ejercicio de sus funciones, para el efecto de declarar si ha lugar a formación de causa, y poner el reo a disposición del Tribunal competente.

Artículo 156. Pronunciada una sentencia de responsabilidad por delitos oficiales, no puede concederse al reo la gracia de indulto.

Artículo 157. No obstante la aprobación que dé el Congreso a la conducta del Ejecutivo, el Presidente y los Secretarios de Estado podrán ser acusados por delitos oficiales, hasta cinco años después de haber cesado en sus funciones.

Artículo 158. Cuando un funcionario público en ejercicio, a quien se hubiere declarado con lugar a formación de causa, fuere absuelto, volverá al desempeño de sus funciones.

Título XXII. Leyes constitutivas

Artículo 159. Son leyes constitutivas: la de Imprenta, la Marcial y la de Amparo.

Título XXIII. De la reforma de la Constitución y leyes constitutivas

Artículo 160. Cuando se crea conveniente la reforma parcial de la Constitución o leyes constitutivas, podrá verificarse, observando las reglas siguientes:

1.º El proyecto se presentará por dos o más miembros de las cámaras y se leerá dos veces con el intervalo de cuatro días,

2.º Admitido a discusión, se pasará a una comisión que presentará su dictamen dentro de seis días,

3.º El dictamen será leído dos veces en días distintos,

4.º Aprobada la ley reformatoria por dos tercios de votos en cada una de las Cámaras, se publicará por la imprenta,

5.º La reforma no tendrá fuerza de ley hasta que sea sancionada por dos tercios de votos de la próxima Legislatura, mediando el lapso de dos años y previos los trámites ordinarios.

Artículo 161. La reforma de los **Artículos** constitucionales que prohiben la reelección del que ejerciere la Presidencia de la República, no producirá sus efectos en el período en que se haga dicha reforma, ni en el siguiente.

Artículo 162. Los tratados o pactos a que se refiere la parte final del artículo 2.º serán ratificados por dos tercios de votos de cada Cámara y por este hecho se tendrá como reformada la Constitución, no obstante lo establecido en este Título.

Artículo 163. La reforma absoluta no se podrá verificar sino pasados diez años; y para declarar que ha lugar a ella se observarán las reglas del artículo 160. Hecha la declaración se convocará una Asamblea Constituyente.

Artículo 164. El Congreso ordinario desde que declare que debe reformarse totalmente la Constitución, cerrará sus sesiones y quedará disuelto por el mismo hecho.

Título XXIV. Disposiciones generales

Artículo 165. La presente Constitución, deroga la Constitución de 30 de marzo de 1905 y la Ley de Garantías de 15 de septiembre de 1910; y declara además sin valor ni efectos legales, la Constitución que fue firmada el 4 de abril del corriente año por la anterior Asamblea Constituyente.

Artículo 166. Mientras no se reformen o deroguen las demás leyes, quedarán vigentes en cuanto no se opongan a las disposiciones de la Constitución.

Artículo 167. La presente Constitución empezará a regir el 1.º de marzo del año próximo de 1912.

Título XXV. Disposiciones transitorias

Artículo 168. Mientras no se instale el primer Congreso Constitucional elegido en la forma y tiempo que determine la ley electoral que dicte la actual Asamblea Constituyente, continuará ésta ejerciendo sus funciones y las que conforme a la Constitución corresponden al Congreso ordinario. Con este fin podrá suspender sus sesiones y reanudarlas cuando lo crea conveniente.

Artículo 169. La renovación de los Diputados en el primer bienio será por sorteo, lo mismo que la de Senadores en el primero y segundo.

Artículo 170. Los decretos de la actual Asamblea Constituyente sobre nombramientos de Presidente y Vicepresidente de la. República, y de Magistrados de las Cortes de Justicia, quedarán en todo su vigor y fuerza por el tiempo que respectivamente comprenden.

Artículo 171. Asimismo, quedarán en todo su vigor y fuerza, no obstante, lo estatuido en esta Constitución, los decretos de 18 de mayo, 15 de julio y 14 de octubre últimos, sobre creación, atribuciones y facultades de la Comisión Mixta. La actual Asamblea Nacional Constituyente, dictará, sin restricción ninguna las leyes y disposiciones reformatorias y complementarias que sean conducentes a los objetos dichos en los decretos ya mencionados.

Artículo 172. Una vez promulgada la Constitución, los empleados públicos prestarán juramento en forma legal, del estricto cumplimiento y fiel observancia de todos sus preceptos.

Dado en el Salón de Sesiones de la Asamblea Nacional Constituyente, en Managua, a los diez días del mes de noviembre de mil novecientos once.

Ignacio Suárez: Presidente, Diputado por el Departamento de Jinotega.

L. Sánchez R. Diputado por el Departamento de Masaya.

A. W. Hooker: Diputado propietario por el Departamento de Bluefields.

Ricardo López C. Diputado propietario por el Departamento de Chinandega.

Arístides Herdocia: Diputado por el Departamento de León.

Nicolás Romero: Diputado propietario por el Departamento de Masaya.

Gustavo Argüello: Diputado por el Departamento de Rivas.

M. Ortega García: Diputado por el Departamento de Rivas.

J. M. Robelo: Diputado propietario por el Departamento de León.

F. J. Lacayo: Diputado por el Departamento de Managua.

A. Terán: Diputado por el Departamento de León.

A. Tífer: Diputado por el Departamento de Masaya.

Ramón Beteta: Diputado propietario por la Comarca de Cabo Gracias a Dios.

Mariano Zavala: Diputado por el Departamento de Managua.

Sebastián Uriza: Diputado propietario por el Departamento de Bluefields.

Fernando Lacayo Sacasa: Diputado por el Departamento de Estelí. Franco.

Reyes C. Diputado por el Departamento de Chinandega.

E. A. Rodríguez: Diputado por el Departamento de Managua.

T. Navarro: Diputado por el Departamento de Jinotega.

Agustín Núñez M. Diputado por el Departamento de Chontales.

Manuel Alvarado: Diputado por el Departamento de Matagalpa.

Alfonso Irías: Diputado por el Departamento de Nueva Segovia.

Frutos Alegría: Diputado por el Departamento de Masaya, representando el de Granada.

Pablo R. Jiménez: por el Departamento de Carazo.

Félix Parrales: por el Departamento de Carazo.

A. C. Montealegre: por el Departamento de Chinandega.

Benjamín Conrado: Diputado por el Departamento de Carazo.

Luis Román: Diputado por el Departamento de Granada.

Frutos A. Vega: Diputado por el Departamento de Chontales.

José Dionisio Thomas: Diputado por la Comarca de San Juan del Norte.

Alcibiades Fuentes hijo: Diputado por el Departamento de Nueva Segovia.

R. Morales: Diputado por el Departamento de Granada.

José F. Sáenz: Diputado por el Departamento de Rivas.

Gustavo Gutiérrez: Diputado por el Departamento de Granada.

Luis Correa: Diputado por el Departamento de Matagalpa.

H. Saballos O. Diputado por el Departamento de Managua.

Carlos Espinosa Carnevalini: Diputado por el Departamento de Managua, representando al de Estelí. José F. Sacasa: Diputado por el Departamento de León.

Adolfo Toledo: 1er. Secretario, Diputado por el Departamento de Chontales.

M. Mairena: 2.º Secretario, Diputado por el Departamento de Matagalpa.

Publíquese: Casa Presidencial: Managua, 21 de diciembre de 1911.

ADOLFO DÍAZ

El Ministro de la Gobernación, Justicia, Policía, Beneficencia y Gracia, por la ley,

SALV BUITRAGO DÍAZ

El Ministro de Hacienda y Crédito Público,

PEDRO RAF. CUADRA

El Ministro de Relaciones Exteriores e Instrucción Pública,

DIEGO M. CHAMORRO

El Ministro de la Guerra y Marina,

LUIS MENA

El Ministro de Fomento y Obras Públicas,

A. CANTÓN.

Libros a la carta

A la carta es un servicio especializado para
empresas,
librerías,
bibliotecas,
editoriales
y centros de enseñanza;
y permite confeccionar libros que, por su formato y concepción, sirven a los propósitos más específicos de estas instituciones.

Las empresas nos encargan ediciones personalizadas para marketing editorial o para regalos institucionales. Y los interesados solicitan, a título personal, ediciones antiguas, o no disponibles en el mercado; y las acompañan con notas y comentarios críticos.

Las ediciones tienen como apoyo un libro de estilo con todo tipo de referencias sobre los criterios de tratamiento tipográfico aplicados a nuestros libros que puede ser consultado en Linkgua-ediciones.com.

Linkgua edita por encargo diferentes versiones de una misma obra con distintos tratamientos ortotipográficos (actualizaciones de carácter divulgativo de un clásico, o versiones estrictamente fieles a la edición original de referencia).

Este servicio de ediciones a la carta le permitirá, si usted se dedica a la enseñanza, tener una forma de hacer pública su interpretación de un texto y, sobre una versión digitalizada «base», usted podrá introducir interpretaciones del texto fuente. Es un tópico que los profesores denuncien en clase los desmanes de una edición, o vayan comentando errores de interpretación de un texto y esta es una solución útil a esa necesidad del mundo académico.

Asimismo publicamos de manera sistemática, en un mismo catálogo, tesis doctorales y actas de congresos académicos, que son distribuidas a través de nuestra Web.

El servicio de «libros a la carta» funciona de dos formas.

1. Tenemos un fondo de libros digitalizados que usted puede personalizar en tiradas de al menos cinco ejemplares. Estas personalizaciones pueden ser de todo tipo: añadir notas de clase para uso de un grupo de estudiantes, introducir logos corporativos para uso con fines de marketing empresarial, etc. etc.

2. Buscamos libros descatalogados de otras editoriales y los reeditamos en tiradas cortas a petición de un cliente.

Printed in Poland
by Amazon Fulfillment
Poland Sp. z o.o., Wrocław